BEI GRIN MACHT SICH IHR WISSEN BEZAHLT

AF135881

- Wir veröffentlichen Ihre Hausarbeit, Bachelor- und Masterarbeit

- Ihr eigenes eBook und Buch - weltweit in allen wichtigen Shops

- Verdienen Sie an jedem Verkauf

Jetzt bei www.GRIN.com hochladen und kostenlos publizieren

Bibliografische Information der Deutschen Nationalbibliothek:

Die Deutsche Bibliothek verzeichnet diese Publikation in der Deutschen National-bibliografie; detaillierte bibliografische Daten sind im Internet über http://dnb.d-nb.de/ abrufbar.

Impressum:

Copyright © 2018 GRIN Verlag
Druck und Bindung: Books on Demand GmbH, Norderstedt Germany
ISBN: 9783346047069

Dieses Buch bei GRIN:

https://www.grin.com/document/498691

Anonym

Trainingsplanung Aufbau einer Grundlagenausdauer

GRIN Verlag

GRIN - Your knowledge has value

Der GRIN Verlag publiziert seit 1998 wissenschaftliche Arbeiten von Studenten, Hochschullehrern und anderen Akademikern als eBook und gedrucktes Buch. Die Verlagswebsite www.grin.com ist die ideale Plattform zur Veröffentlichung von Hausarbeiten, Abschlussarbeiten, wissenschaftlichen Aufsätzen, Dissertationen und Fachbüchern.

Besuchen Sie uns im Internet:

http://www.grin.com/

http://www.facebook.com/grincom

http://www.twitter.com/grin_com

Deutsche Hochschule für

Prävention und Gesundheitsmanagement

Hermann Neuberger Sportschule 3

66123 Saarbrücken

Einsendeaufgabe

Fachmodul:	Trainingslehre II
Studiengang:	Bachelor of Gesundheitsmanagement
Datum Präsenzphase:	07.05.18-09.05.18
Studienort:	**Köln**
Semester:	**SS 17**

Inhaltsverzeichnis

1 Diagnose

1.1 Allgemeine und biometrische Daten

Tab. 1: Allgemeine Daten zur Person (eigene Darstellung)

Daten	Datenwerte
Alter	31 Jahre
Geschlecht	weiblich
Körpergröße	1,72 m
Körpergewicht	79 kg
Body-Mass-Index (BMI)	26,7 kg/m^2
Berufliche Tätigkeit	Industriekauffrau
Frühere sportliche Aktivitäten	15.-21. Lebensjahr: Hockey (3 mal wöchentlich, 60 Min. pro Trainingseinheit, Leistungsstufe: Profi)
Aktuelle sportliche Aktivitäten	seit 2 Monaten: joggen (1 mal wöchentlich, 30 Min. pro Trainingseinheit, ohne Trainingssteuerung)
Subjektive Beschwerden	Kurzatmigkeit
Trainingsmotive/Kundenwunsch	etwas für die Gesundheit tun, fitter werden, abnehmen
Zeitlicher Verfügungsrahmen	2-3 Trainingseinheiten pro Woche, 40-60 Min. pro Trainingseinheit
Allgemeine Befindlichkeit	Kundin fühlt sich durch ihr Übergewicht im eigenen Körper unwohl
Ruhepuls	79 S/min
Blutdruck	144/92 mmHg
Aktueller Leistungszustand	Beginnerin

1.1.1 Bewertung des biometrischen Parameters Ruhepuls

Der Ruhepuls von Frau S. wurde direkt nach dem Aufwachen gemessen und liegt bei 79 S/min. Dieser Wert lässt sich bei Normwerten der Stufe der Untrainierten einordnen (70-80 S/min). Bei Frauen ist der Ruhepuls nochmals ca. zehn Schläge höher wie bei Männern gleichen Alters. Gut trainierte Sportler haben deutlich niedrigere Werte von 40-50 S/min. Anhand dieser unterschiedlichen Werte lässt sich schlussfolgern, dass ein umso niedrigerer Ruhepuls vorliegt, umso besser der körperliche Leistungszustand und demensprechend umso höher, desto schlechter der Ausdauerleistungszustand einer Person ist. (Weineck, 2003, S. 50).

1.1.2 Bewertung des biometrischen Parameters Blutdruck

Um den biometrischen Parameter Blutdruck von der Person (Frau S.) herauszufinden, wurde ein elektronisches Blutdruckmessgerät verwendet. Der Blutdruckwert lag systolisch bei 144 mmHg und diastolisch bei 92 mmHg. Die nachfolgende Tabelle (Tab. 2) stellt die Blutdruckklassifikation der American Heart Association dar. Demnach lässt sich Frau S. der Stufe 1 zuordnen und hat somit arterielle Hypertonie.

Tab. 2: Blutdruckklassifikation der American Heart Association (modifiziert nach Mancia et al., 2013, S. 1286; zitiert nach Eifler, 2017, S. 297)

Bewertungsstufe	Systolischer Blutdruck	Diastolischer Blutdruck
Normblutdruck (Normotonie)		
optimal	unter 120 mmHg	unter 80 mmHg
normal	unter 130 mmHg	unter 85 mmHg
hochnormal	130-139 mmHg	85-89 mmHg
Bluthochdruck (arterielle Hypertonie)		
Stufe 1	140-159 mmHg	90-99 mmHg
Stufe 2	160-179 mmHg	100-109 mmHg
Stufe 3	> 180 mmHg	> 110 mmHg

1.1.3 Bewertung des allgemeinen Gesundheitszustandes

Tab. 3: Bewertung des allgemeinen Gesundheitszustandes der Person (eigene Darstellung)

Orthopädische Eingriffe	Sprunggelenkoperation vor 10 Jahren
Internistische Probleme	Arterielle Hypertonie, Stufe 1
Erkrankungen	keine
Medikamenteneinnahme	keine
Ärztliche Behandlung	keine
Gesundheitliche Einschränkungen	Kurzatmigkeit

Wie man der obigen Tabelle (Tab. 3) entnehmen kann, ist die Kundin momentan nicht in ärztlicher Behandlung, was auf einen guten Gesundheitszustand schließen lässt. Bei der Anamnese wurde jedoch eine arterielle Hypertonie der Stufe 1 festgestellt, die sich negativ auf ihre Gesundheit auswirken kann, weshalb vorsichtig an die Trainingssteuerung herangegangen werden sollte. Des Weiteren kann ihre Kurzatmigkeit mit dem Bluthochdruck zusammenhängen. Der orthopädische Eingriff am Sprunggelenk wirkt sich nicht auf ihren Gesundheitszustand aus, da diese Operation schon zehn Jahre zurückliegt.

1.2 Leistungsdiagnostik/Ausdauertestung anhand des WHO Tests

1.2.1 Begründung der Fahrradergometertests

Als Ausdauertest sollte laut Aufgabenstellung ein Fahrradergometertest durchgeführt werden. Hierfür muss angemerkt werden, dass normalerweise kein Radergometertest für Frau S. geeignet wäre, da sie unter Bluthochdruck leidet und man bei diesem Ausdauergerät zu hohen Druckbelastungen ausgesetzt ist. Nach Kettenis und Eifler (2017, S. 63) ist somit ein Ausdauertest kontraindiziert, wenn als Krankheitsbild Hypertonie vorliegt. Deshalb sollte ein Raderometertest ausgewählt werden, der nicht zu hohe Risiken mit sich bringt. Folgende Radergometertests stehen zur Verfügung: IPN-Fahrradergometer-Ausdauertest (IPN-Test), WHO-Test, Hollmann -und Venrath-Test, Stufentest des Bundesausschusses für Leistungssport (BAL), Vita-Maxima-Test und Wingate-Test (Kettenis & Eifler, 2017, S. 66).

Es wurde der WHO-Test gewählt, bei der die Steigerung der Belastung nur in kleinen Schritten von 25 Watt mit einer kurzen Stufendauer von zwei Minuten erfolgt (Kettenis & Eifler, 2017, S. 70). Dieser Ergometertest ist ein submaximaler Test, was bedeutet, dass die Person nicht bis zu ihrer völligen körperlichen Ausbelastung gebracht wird und somit die Gefahr der Körperlichen Überlastung minimiert wird. Dies ist gut für Frau S. aufgrund ihres Gesundheitszustandes, da zu hohe Belastungen ihrer Gesundheit schaden könnten (Rost, 2002, S. 57). Des Weiteren ist dieser Test für Übergewichtige und untrainierte Frauen geeignet (Institut für Prävention und Nachsorge [IPN], 2004). Wie man der Tabelle 1 entnehmen kann, zählt Frau S. zu dieser Zielgruppe, da sie seit mehreren Jahren kaum Sport mehr macht und auch übergewichtig ist. Somit ist der WHO-Test geeignet für Frau S..

1.2.2 Ermittlung relevanter Parameter zur Testdurchführung

Um den WHO-Test durchzuführen, ist zunächst relevant, die Pulsobergrenze zu ermitteln. In der nachfolgenden Tabelle 4 können diese Werte abgelesen werden (Wert von Frau S. ist rot markiert).

Tab. 4: Ermittlung der Pulsobergrenze (modifiziert nach Trunz, 2001; IPN, 2004)

Alter HF Ruhe	< 20 J.	20-29 J.	30-39 J.	40-49 J.	50-59 J.	60-69 J.	> 70 J.
< 50 S/min	140 S/min	135 S/min	130 S/min	125 S/min	115 S/min	110 S/min	105 S/min
50-59 S/min	145 S/min	140 S/min	135 S/min	125 S/min	120 S/min	115 S/min	110 S/min
60-69 S/min	145 S/min	145 S/min	135 S/min	130 S/min	125 S/min	120 S/min	115 S/min
70-79 S/min	150 S/min	145 S/min	140 S/min	135 S/min	130 S/min	125 S/min	120 S/min
80-89 S/min	155 S/min	150 S/min	145 S/min	140 S/min	135 S/min	125 S/min	125 S/min
> 90 S/min	160 S/min	155 S/min	150 S/min	145 S/min	135 S/min	130 S/min	125 S/min

Zusätzlich zu dem ermittelten Wert wird nach Trunz (2001) und dem IPN (2004) je nach Trainingszustand der Person noch ein Pulsaufschlag berechnet (siehe Tab. 5). Bei Personen mit keinem oder nur wenig Ausdauertraining, wie bei Frau S., wird kein Pulsaufschlag dazugezählt.

Tab. 5: Voreinstufung unter zusätzlicher Berücksichtigung der Trainingshäufigkeit ausdauerrelevanter Aktivitäten (modifiziert nach Trunz, 2001; IPN, 2004, S. 4)

Trainingszustand	Trainingshäufigkeit pro Woche	Stunden pro Woche	Pulsaufschlag
kein Ausdauertraining	kein mal	0 Stunden	kein Aufschlag
wenig Ausdauertraining	1-2 mal	≤ 1 Stunde	kein Aufschlag
moderates Ausdauertraining	2-3 mal	1-2 Stunden	plus 5 S/min
viel Ausdauertraining	3-4 mal	3-4 Stunden	plus 10 S/min
sehr viel Ausdauertraining	> 4 mal	> 4 Stunden	plus 15 S/min

1.2.3 Durchführung des WHO-Tests

Nachdem die Voreinstufung abgeschlossen ist, kann mit dem WHO-Test begonnen werden. Der Test beginnt mit einer Eingangsbelastung von 25 Watt. Alle zwei Minuten wird die Belastung um 25 Watt gesteigert. Während der Belastung wird nach jeder Minute die Herzfrequenz gemessen und vom Trainer/in notiert. Die Steigerung der Wattleistung geschieht solange, bis die Testperson die definierte Pulsobergrenze erreicht hat und wird erst dann beendet (Kettenis & Eifler, 2017, S. 71). In der nachfolgenden Tabelle 6 sind alle wichtigen Parameter, die für den Radergometertest relevant sind, zu entnehmen. Des Weiteren ist dort der Testverlauf inklusive das Ergebnis von Frau S. aufgezeichnet.

Tab. 6: WHO-Ausdauertest auf dem Radergometer (eigene Darstellung)

Testform: WHO (submaximal)	Anmerkrung: Bluthochdruck, Übergewicht	Stufendauer: 2 Minuten	Pulsobergrenze: 140 S/min	Gewicht: 79 kg
		Belastungssteigerung: 25 Watt	Abbruchgrenze: 140 S/min	Ruhepuls: 79 S/min
		Eingangsbelastung: 25 Watt	Trittfrequenz: 70 U/min	Blutdruck: 144/92 mmHg

Eingangstest	Datum: 15.05.18		
Zeit	**Watt**	**Herzfrequenz 1**	**Herzfrequenz 2**
2 Minuten	25 Watt	78 mmHg	82 mmHg
4 Minuten	50 Watt	90 mmHg	98 mmHg
6 Minuten	75 Watt	110 mmHg	120 mmHg
8 Minuten	100 Watt	125 mmHg	138 mmHg
10 Minuten	125 Watt	149 mmHg	-

Watt gesamt	112,5 Watt
Watt/kg	1,4 Watt/kg
Bewertung nach Normtabelle	⊗

1.2.4 Bewertung des Testergebnisses anhand von Normwerten

Der Testdurchlauf von Frau S. ergab, dass sie vier Belastungsstufen vollständig durchfahren hat (bis einschließlich 100 Watt). Auf der fünften Belastungsstufe (125 Watt) hat sie nach Messung der Herzfrequenz nach einer Minute (9. Testminute) die definierte Pulsobergrenze von 140 S/min überschritten. Deshalb wurde dort nach der neunten Minute der Test beendet. Ihre Gesamtleistung beträgt somit 112,5 Watt (zeitinterpoliert: nach acht Minuten bzw. vier Stufen hat Frau A insgesamt 100 Watt erreicht; die fünfte Stufe wurde nur zur Hälfte durchfahren, daher 25 Watt / 2 = 12,5 Watt + 100 Watt = 112,5 Watt). Bei Teilung der ermittelten Wattleistung durch ihr Körpergewicht (112,5 Watt / 79 kg) ergibt sich die relative Wattleistung, die mit Normwerten verglichen werden kann. Laut Normwerten des IPN`s (2004) liegt diese Leistung unter dem Durchschnitt und wird mit einem traurigen Smiley bewertet. Dieser Wert wurde anhand der nachfolgenden Tabelle (Tab. 7) ermittelt. Die grau hinterlegten Felder dienen zur Abstufung von Untrainierten (Ø), mäßig Trainierten (☺) und gut Trainierten (☺☺) Frauen. Die Intensität (für Frau S. 0,56-0,57) ist ein Faktor zur Berechnung der empfohlenen Trainingsherzfrequenz nach dem IPN. Da bei der Trainingsplanzusammenstellung des Mesozykluses mit einer anderen Berechnungsformel die Trainingsintensität ermittelt wurde, ist die Intensitätsangabe in der folgenden Tabelle irrelevant.

Tab. 7: Normtabelle für submaximale Radergometertests: Relative Watt-Soll-Leistung (Watt pro kg) bei Frauen (modifiziert nach IPN, 2004, S. 8)

Alter (in Jahre) Intensität	<30	30-34	35-39	40-44	45-49	50-54	55-59	>60	Bewertung
0,5	1,15	1,09	1,04	0,98	0,92	0,86	0,81	0,75	☹☹
0,51	1,2	1,14	1,08	1,02	0,96	0,9	0,84	0,78	☹☹
0,52	1,25	1,19	1,13	1,06	1	0,94	0,88	0,81	☹☹
0,53	1,3	1,24	1,17	1,11	1,04	0,98	0,91	0,85	☹☹
0,54	1,35	1,28	1,22	1,15	1,08	1,01	0,95	0,88	☹☹
0,55	1,4	1,33	1,26	1,19	1,12	1,05	0,98	0,91	☹
0,56	1,45	1,38	1,31	1,23	1,16	1,09	1,02	0,94	☹
0,57	1,5	1,43	1,35	1,28	1,2	1,13	1,05	0,98	☹
0,58	1,55	1,47	1,4	1,32	1,24	1,16	1,09	1,01	☹
0,59	1,6	1,52	1,44	1,36	1,28	1,2	1,12	1,04	☹
0,6	1,7	1,62	1,53	1,45	1,36	1,28	1,19	1,11	Ø
0,61	1,8	1,71	1,62	1,53	1,44	1,35	1,26	1,17	Ø
0,62	2	1,9	1,8	1,7	1,6	1,5	1,4	1,3	Ø
0,63	2,1	2	1,89	1,79	1,68	1,58	1,47	1,37	☺
0,64	2,3	2,19	2,07	1,96	1,84	1,73	1,61	1,5	☺
0,65	2,4	2,28	2,16	2,04	1,92	1,8	1,68	1,56	☺
0,66	2,6	2,47	2,34	2,21	2,08	1,95	1,82	1,69	☺☺
0,67	2,8	2,66	2,52	2,38	2,24	2,1	1,96	1,82	☺☺
0,68	3	2,85	2,7	2,55	2,4	2,25	2,1	1,95	☺☺
0,69	3,2	3,04	2,88	2,72	2,56	2,4	2,24	2,08	☺☺
0,7	3,4	3,23	3,06	2,89	2,72	2,55	2,38	2,21	☺☺

1.3 Gesundheits- und Leistungsstatus der Person

Der Tabelle 1 sind Parameter zu entnehmen, die Auskunft über ihren Gesundheitsstatus geben. Zum einem zeigte ihr BMI-Wert, dass sie übergewichtig ist und es wurde diagnostiziert, dass sie unter arterieller Hypertonie Stufe 1 leidet. Sie ist also Risikogefährdet, was bei der Erstellung des Trainingsplans berücksichtigt werden sollte. Nach Hoffmann (2001, S. 20) bestehen jedoch keine Bedenken, bei Blutdruckwerten von systolisch 140-159 mmHg und diastolisch 90-99 mmHg Sport zu treiben. Da sich Frau S. in diesem Bereich befindet, kann sie also Sport ohne Einschränkungen ausüben.

Bei genauerer Betrachtung ihres Leistungszustandes zeigen sich jedoch, bezogen auf ihre Belastbarkeit, erste Grenzen auf. Im WHO-Test schnitt Frau S. unterdurchschnittlich ab. Bereits bei niedrigen Intensitäten erreichte sie schnell ihre Pulsobergrenze, was auf ein geringes Ausdauervermögen schließen lässt.

2 Zielsetzung/Prognose

Tab. 8: Zieldarstellung (eigene Darstellung)

Kundenwunsch	Inhalt	Ausmaß	Zeit
1. Ziel: etwas für die Gesundheit tun	Senkung des Blutdrucks	um 7 mmHg systolisch, um 5 mmHg diastolisch angestrebter Wert: 137/87 mmHg	in 3 Monaten
2. Ziel: Gewichtsreduktion	BMI senken	angestrebter BMI-Wert: 24,3 kg/m^2	in 6 Monaten
3. Ziel: Verbesserung der Fitness	Steigerung der Wattleistung im submaximalen Radergometertest (WHO)	von 1,4 Watt/kg auf 1,6 Watt/kg	in 3 Monaten

Als erstes Ziel hat Frau S. den Wunsch geäußert, etwas für ihre Gesundheit zu tun. Hierzu wurde vom Trainer das Thema der Blutdrucksenkung angesprochen, da sie dadurch Gesundheitsrisiken minimieren kann und ihrer Gesundheit etwas Gutes tut. Da sie bereits bei regelmäßigem Training relativ schnell Erfolge sehen wird, wurde dieses Ziel auch mit als erstes in den Trainingsplan integriert. Denn bereits nach Beendigung einer Ausdauer-Trainingseinheit können sich erste blutdrucksenkende Effekte (ca. 5 mmHg) zeigen (Muster & Zielinski, 2006, S. 66). Nach drei Wochen wird man einen weiter sinkenden Blutdruckwert erkennen und nach drei Monaten kann der Blutdruck systolisch um 7,7 mmHg und diastolisch um 5,8 mmHg gesenkt werden (Huonker, 2004, S. 120). Wenn Frau S. somit ein regelmäßiges Training mit 2-3 Trainingseinheiten pro Woche absolviert, ist ihr Ziel realistisch, denn bei Blutdrucksenkung ist die Häufigkeit relevant.

Ein weiteres Ziel, das die Kundin durch Ausdauertraining erreichen möchte, ist es abzunehmen. Körperliche Aktivität ist dafür von hoher Bedeutung, denn nur durch Veränderung des Essverhaltens und der Ernährung wird man dauerhaft nicht abnehmen. Durch regelmäßiges Ausdauertraining werden zusätzliche Kalorien verbrannt, was für das Abnehmen auch relevant ist (D. Hauner & H. Hauner, 2006, S. 120-121). Bei der Anamnese wurde der Body-Mass-Index berechnet. Die Formel dazu lautet Körpergewicht[kg] / (Körpergröße [m])^2. Für Frau S. kam als Ergebnis 26,7 kg/m^2 heraus. Der nachfolgenden Tabelle (Tab. 9) kann man diesen Wert entnehmen und anhand dessen sehen, dass Frau S. Übergewicht hat (Schäffler et al., 2018, S. 208; Kap. 17). Ihr Ziel soll es sein, dass sie ihren BMI soweit senkt, dass sie nach der WHO-Klassifikation als normalgewichtig eingestuft werden kann. Wichtig, um das Gewicht zu halten, ist eine langsame, schonende Gewichtsabnahme. Realistisch sind Gewichtsreduktionen von 0,5-1 kg pro Woche innerhalb eines Zeitraumes von 12-24 Wochen (D. Hauner & H. Hauner, 2006, S. 67). Wenn Frau S. in sechs Monaten 7 kg abnimmt, würde sie einen BMI von 24,3 kg/m² erreichen und als normalgewichtig gelten. Bezogen auf ihren Gesundheitsstatus muss ihre Kurzatmigkeit und arterielle Hypertonie auch bei Verfolgung des Ziels der Gewichtsreduzierung bedacht werden, denn erstmals wird die Person kein Training mit hohen Belastungsintensitäten durchführen können. Da die Meinungen bezüglich der Höhe der Belastungsintensitäten und –dauer jedoch auseinander gehen, ist ihr Ziel realistisch, wenn sie auch eine Ernährungsumstellung in Angriff nimmt (Kettenis & Eifler, 2017, S. 248).

Tab. 9: WHO-Klassifikation des Körpergewichtes nach BMI (modifiziert nach Schäffler et al., 2018, S. 209; Kap. 17)

Interpretation	BMI (kg/m²)
Untergewicht schwer mäßig mild	<16,00 16,00–16,99 17,00–18,49
Normalgewicht	18,50–24,99
Übergewicht	25,00–29,99
Adipositas Adipositas Grad I Adipositas Grad II Adipositas Grad III	30,00–34,99 35,00–39,99 >40,00

Als drittes Ziel formulierte die Kundin die Aussage, dass sie ihre allgemeine Fitness verbessern möchte, da sie besonders beim Treppensteigen kurzatmig ist und sie dies belastet. Eine Leistungssteigerung kann man messen, indem man nach einiger Zeit einen erneuten WHO-Test (Re-Test) zum intraindividuellen Leistungsvergleich durchführt. Eine verbesserte Leistungsfähigkeit wäre z.B., wenn Frau S. eine höhere Watt-Soll-Leistung erzielen würde, bzw. bei einer niedrigeren Herzfrequenz bei gleicher Wattleistung (Kettenis & Eifler, 2017, S. 79). Da die Kundin bisher eine unterdurchschnittliche Leistung beim WHO-Test erbracht hat, würde man zunächst mal das Ziel verfolgen, ihre Wattleistung um 0,2 Watt/kg zu verbessern, sodass sie bei Vergleichswerten zum Durschnitt zählt. Aufgrund ihres bisher geringen Ausdauervermögens ist es realistisch, den angestrebten Wert in drei Monaten zu erreichen.

3 Trainingsplanung Mesozyklus

3.1 Grobplanung Mesozyklus

Tab. 10: Mesozyklus Grobplanung von Frau S. (eigene Darstellung)

Dauer	6 Wochen
Trainingsziel	Aufbau einer Grundlagenausdauer (GA 1)
Belastungsumfang pro Woche	55-115 Minuten
Trainingsmethode	Extensive Dauermethode
Belastungsintensität	45-65 % $Hf_{Reserve}$ = 129-151 S/min
Trainingshäufigkeit pro Woche	2-3 Tage pro Woche
Dauer pro Trainingseinheit	30-45 Minuten
Ausdauertrainingsgeräte	Crosstrainer

3.2 Detailplanung Mesozyklus

Im Folgenden ist eine Detailplanung des Mesozyklus vorzufinden, der für sechs Wochen ausgerichtet ist, indem entscheidenden Anpassungen an die Trainingsbelastung vollzogen werden. Dieser wird inhaltlich nochmal in Mikrozyklen eingeteilt. Diese stellen einen Zeitraum von einer Woche dar (Kettenis & Eifler, 2017, S. 210).

Zur besseren Lesbarkeit wurden folgende Begrifflichkeiten in der Tabelle abgekürzt:

Aufbau einer Grundlagenausdauer (GA 1), Extensive Dauermethode (Extensive DM), Trainings- (Tr.-), Herzfrequenz (Hf.).

Tab. 11: Mesozyklus Detailplanung von Frau S. (eigene Darstellung)

Woche 1	Dienstag		Donnerstag
Tr.-ziel	GA 1		GA 1
Tr.-Methode	Extensive DM		Extensive DM
Tr.-Intensität von $Hf_{Reserve}$	45 %		45 %
Tr.-Hf.	129 S/min		129 S/min
Tr.-Dauer	30 Min.		30 Min.
Tr.-Gerät	Crosstrainer		Crosstrainer

Woche 4	Montag	Mittwoch	Freitag
Tr.-ziel	GA 1	GA 1	GA 1
Tr.-Methode	Extensive DM	Extensive DM	Extensive DM
Tr.-Intensität von $Hf_{Reserve}$	55 %	45 %	50 %
Tr.-Hf.	140 S/min	129 S/min	134 S/min
Tr.-Dauer	40 Min.	30 Min.	35 Min.
Tr.-Gerät	Crosstrainer	Crosstrainer	Crosstrainer

Woche 2	Dienstag		Donnerstag
Tr.-ziel	GA 1		GA 1
Tr.-Methode	Extensive DM		Extensive DM
Tr.-Intensität von $Hf_{Reserve}$	45 %		45 %
Tr.-Hf.	129 S/min		129 S/min
Tr.-Dauer	30 Min.		35 Min.
Tr.-Gerät	Crosstrainer		Crosstrainer

Woche 5	Montag	Mittwoch	Freitag
Tr.-ziel	GA 1	GA 1	GA 1
Tr.-Methode	Extensive DM	Extensive DM	Extensive DM
Tr.-Intensität von $Hf_{Reserve}$	55 %	60 %	50 %
Tr.-Hf.	140 S/min	145 S/min	134 S/min
Tr.-Dauer	35 Min.	40 Min.	30 Min.
Tr.-Gerät	Crosstrainer	Crosstrainer	Crosstrainer

Woche 3	Montag	Mittwoch	Freitag
Tr.-ziel	GA 1	GA 1	GA 1
Tr.-Methode	Extensive DM	Extensive DM	Extensive DM
Tr.-Intensität von $Hf_{Reserve}$	55 %	45 %	55 %
Tr.-Hf.	140 S/min	129 S/min	140 S/min
Tr.-Dauer	35 Min.	30 Min.	35 Min.
Tr.-Gerät	Crosstrainer	Crosstrainer	Crosstrainer

Woche 6	Montag	Mittwoch	Freitag
Tr.-ziel	GA 1	GA 1	GA 1
Tr.-Methode	Extensive DM	Extensive DM	Extensive DM
Tr.-Intensität von $Hf_{Reserve}$	60 %	45 %	65 %
Tr.-Hf.	145 S/min	129 S/min	151 S/min
Tr.-Dauer	45 Min.	35 Min.	35 Min.
Tr.-Gerät	Crosstrainer	Crosstrainer	Crosstrainer

3.3 Begründung zum Mesozyklus

Da Frau S. Ziele verfolgt, die durch Ausdauersport erreicht werden können, wird für sie ein erster Trainingsplan für die nächsten sechs Wochen erstellt.

Beim Ausdauertraining können verschiedene Fähigkeiten erworben werden: Grundlagen-, Wettkampfspezifische- und Kraftausdauer, sowie allgemeine Leistungsgrundlagen (Neumann, Pfützner & Berbalk, 2011, S. 129; Kap. 6). Für Frau S. wurde als Trainingsziel der Aufbau einer Grundlagenausdauer (im Folgenden GA) gewählt. Diese ist notwendig, um längere Strecken in aerober Stoffwechsellage durchzuhalten (Neumann et al. 1995; zitiert nach Neumann et al., 2011, S. 131; Kap. 6). Sie ist so gesehen die Basis für ein längerfristig geplantes Ausdauertraining. Die GA wird in GA 1 und GA 2 unterteilt. Für die Kunden wird zunächst mit der Ausbildung der GA 1 gestartet. Sie ist gekennzeichnet von einem hohen Belastungsumfang pro Trainingseinheit, da die Dauer ausschlaggebend ist für den Belastungsreiz. Für Frau S. ist wichtig, zunächst dieses Ziel zu erreichen, da sie allgemein erst wenig Ausdauertraining gemacht hat und ihre Trainingseinheiten bisher ohne systematischen Trainingsplan vollzogen worden sind. Erst wenn GA 1 vorhanden ist, kann das Ziel vom Aufbau einer GA 2 in Betracht gezogen werden. Schließlich ist bei der GA 2 der Fokus schon mehr darauf gelegt, eine gewisse Geschwindigkeit zu laufen und hierfür erstmal eine Basis dafür geschafft werden sollte, über eine gewisse Zeit ohne Pause laufen zu können. Die beste Methode zur Erreichung einer GA 1 ist die Dauermethode (Neumann et al., 2011, S. 131-132; Kap. 6). Sie ist eine wichtige Methode zur Erhaltung und Verbesserung der Gesundheit, was das Ziel der Kundin ist um ihren Blutdruck zu senken. Die Dauermethode lässt sich, bezogen auf die Intensität, in extensive, intensive und variable Dauermethode unterteilen. Für Frau S. wurde die extensive Dauermethode ausgewählt, die eine hohe Relevanz im Freizeit- und Gesundheitssport hat und demnach angemessen ist für die Verfolgung des Ziels: etwas für die Gesundheit zu tun. Bei Anwendung der Methode wird pausenlos mit niedrigen Belastungen trainiert (Gimbel, 2014, S. 195; Kap. 12). Nach dem American College of Sports Medicine (2006) sollte die Belastungsintensität von Untrainierten bei 45-60 % der $Hf_{Reserve}$ liegen und bei Trainierten im Bereich von 60-80 %. Die $Hf_{Reserve}$ ist Teil der Karvonen-Formel ($Hf_{max} - Hf_{Ruhe} = Hf_{Reserve}$), mit der die Trainingsherzfrequenz berechnet wurde. Diese ist gut geeignet, da sie die individuellen Verhältnisse (Pulsobergrenze und den Ruhepuls) mit einschließt, die bei der Hf_{max} nicht miteinbezogen werden. Die Karvonen-Formel setzt sich wie folgt zusammen: Trainingsherzfrequenz (THf) = $Hf_{Ruhe} + (Hf_{max} - Hf_{Ruhe})$ x Intensität in %. Hf_{max} wird anhand folgender Formel berechnet: $Hf_{max} = (220 - Lebensalter)$ (Karvonen & Vuorimaa, 1988; zitiert nach Eisenhut & Zintl, 2013, S. 178). Die Hf_{max} von Frau S. beträgt somit 189 S/min ($220 - 31 = 189$ S/min), die für die Karvonen-Formel benötigt wird. Wenn man diesen Wert ermittelt hat, kann mit Hilfe der Karvonen-Formel die Trainingsherzfrequenzen für die jeweilige Trainingseinheit von Frau S. errechnet werden. In der Tabelle 11 sind die ermittelten Ergebnisse der Trainingsintensitäten zu finden.

Als Trainingshäufigkeit wurden zwei Trainingseinheiten pro Woche für die ersten zwei Wochen ausgesucht, da Frau S. seit noch nicht allzu langer Zeit (acht Wochen) einmal wöchentlich läuft und somit noch wenig Ausdauervermögen besitzt. Erst danach wird die Häufigkeit langsam gesteigert, sodass sie ab der dritten Woche drei Trainingseinheiten absolvieren wird, was auch ihrem zeitlichen Verfügungsrahmen entspricht. Gleichzeitig ist diese Trainingshäufigkeit auch gut geeignet für Personen, die das Ziel der Blutdrucksenkung, wie die Kundin, anstreben (Ketelhut, 2004, S. 3430). Bezüglich der Trainingsdauer pro Trainingseinheit wurden für die ersten sechs Wochen nicht mehr als 45 Minuten an Ausdauersport in den Trainingsplan von der Kundin integriert. Dies liegt zum einen daran, dass die Kundin sich erst einmal dran gewöhnen muss, über eine längere Zeit ohne Pause zu laufen und sie bisher immer nur 30 Minuten gelaufen ist. Des Weiteren kam die ausgewählte Trainingsdauer aus dem Grund zustande, da Ketelhut (2004, S. 3430) eine Dauer pro Trainingseinheit von 30 bis 45 Minuten bei Bluthochdruckpatienten empfiehlt. Es wurde bewusst für die ersten drei Trainingseinheiten eine gleichbleibende Belastungsdauer von 30 Minuten gewählt, um eine stabile und optimale Anpassung zu erreichen, denn morphologische Strukturen wie beispielsweise Kapillaren und Sehnen brauchen Monate bis zu Jahre um sich zu verbessern (Steffny & Pramann, 2007, S. 90).

Erst nachdem die Trainingshäufigkeit erhöht wurde, wurde die Dauer der Trainingseinheiten erhöht und erst dann die Trainingsintensität. Diese Reihenfolge der Veränderung von den Belastungskomponenten wurde bewusst gewählt, da nach Eisenhut und Zintl (2013, S. 18-19) so eine Belastungsprogression auszusehen hat um ein effektives Training zu erzielen. Denn wenn eine Trainingsanpassung stattgefunden hat, verschiebt sich auch die Reizschwelle. Dann sollte man schrittweise die Belastung erhöhen (Steffny & Pramann, 2007, S. 90).

Die Trainingsdauer pro Einheit und die Trainingsintensität wurden aufeinander abgestimmt, sodass einmal pro Woche eine Entlastung stattfindet. Es ist wichtig, ein gutes Verhältnis von Be- und Entlastung zu schaffen um das Training wirksam zu machen (Steffny & Pramann, 2007, S. 91). Bei Frau S. wurden deshalb pro Wochenzyklus eine regenerative Einheit integriert, indem mindestens eine der Belastungsparameter Intensität oder Dauer reduziert worden sind.

Als Ausdauergerät wurde der Crosstrainer gewählt, da die Kundin vor zwei Monaten angefangen hat, zu joggen und dieses Ausdauergerät dem Laufen ähnelt. Außerdem sollte das Ausdauergerät auf die Alltagsbelastungen abgestimmt sein. Da die Kundin während der Arbeit eine sitzende Tätigkeit ausführt, sollte ein Ausgleich dazu geschaffen werden. Deshalb wurde der Crosstrainer gewählt, um die aufrechte Körperhaltung zu trainieren. Das Laufband wurde bewusst für den ersten Mesozyklus noch nicht gewählt, da hierbei sowohl der Bewegungsapparat sowie das Herz-Kreislauf-System einer hohen Belastung ausgesetzt sind und dies für untrainierte, übergewichtige Personen zunächst ungeeignet ist.

Grundsätzlich ist aber eine Ergänzung von anderen Ausdauergeräten nicht unvorteilhaft, da man bei anderen Ausdauergeräten auch anderen Belastungen ausgesetzt ist und so die Gefahr der einseitigen Belastung minimiert. Wer ab und zu das Trainingsgerät wechselt, verbessert langfristig die Ausdauer. Außerdem werden je nach Wahl des alternativen Traningsgerätes auch andere Muskelgruppen beansprucht, was die Kraft steigert und sich dann auch positiv auf die Muskulatur auswirkt um effizienter und effektiver zu arbeiten (Steffny & Pramann, 2007, S. 168-169).

4 Literaturrecherche: Effekte des Ausdauertrainings bei arterieller Hypertonie

4.1 Studie 1: Effekte des Ausdauertrainings bei arterieller Hypertonie

Tab. 12: Körperliche Aktivität zur Behandlung des arteriellen Hochdrucks (modifiziert nach Ketelhut, 2004)

	Ketelhut (2004)
Wer führte die Studie durch?	Reinhard G. Ketelhut
Publikationsjahr	2004
Versuchspersonen	16 untrainierte Hypertoniker (leichte arterielle Hypertonie)
Versuchsaufbau	Messung des systolischen und diastolischen Blutdrucks vor (0), während und in der 10. Erholungsminute nach einer 60-minütigen submaximalen Ausdauerbelastung auf einem Fahrradergometer bei konstanter Herzfrequenz (130–140 S/min).
Relevante Ergebnisse und Schlussfolgerungen	Nach initialem belastungsinduzierten Druckanstieg kam es zum kontinuierlichen Abfall des Blutdrucks während der Ausdauerbelastung: systolisch in 5. Belastungsminute: auf 203 ± 24 mmHg in 30. Belastungsminute: auf 182 ± 21 mmHg in 60. Belastungsminute: auf 173 ± 19 mmHg kontinuierliche Senkung um 29 mmHg diastolisch in 5. Belastungsminute auf 106 ± 10 mmHg in 30. Belastungsminute: auf 93 ± 12 mmHg in 60. Belastungsminute: auf 88 ± 11 mmHg kontinuierliche Senkung um 18 mmHg allgemein Ausdauertraining hat positive Wirkung bei Risikofaktoren, wie arterielle Hypertonie. Durch regelmäßiges aerobes Training kann Blutdruck auch bei Bluthochdruckkranken gesenkt oder sogar normalisiert werden. Zusätzlich werden durch regelmäßige sportliche Aktivität auch andere kardiovaskuläre und nichtkardiovaskuläre Risikofaktoren positiv beeinflusst.

4.2 Studie 2: Effekte des Ausdauertrainings bei arterieller Hypertonie

Tab. 13: Bluthochdruck und Sport (modifiziert nach Predel, 2007)

	Predel (2007)
Wer führte die Studie durch?	Prof. Dr. Hans-Georg Predel, Institut für Kreislaufforschung und Sportmedizin, Deutsche Sporthochschule Köln
Publikationsjahr	2007
Versuchspersonen	Patienten mit primärer arterieller Hypertonie
Versuchsaufbau	Metaanalyse einer kontrollierten, prospektiven bewegungstherapeutischen Intervention bei arterieller Hypertonie: Die Versuchspersonen sollten in der Regel mindestens 2-3 Tage pro Woche Ausdauersport betreiben über 30-60 Minuten in einer Intensität von 40–70 % der maximalen Sauerstoffaufnahmekapazität.
Relevante Ergebnisse und Schlussfolgerungen	Akuteffekte unmittelbar nach einer akuten Belastung kam es zu einem über mehrere Stunden anhaltenden Blutdruckabfall (systolisch bis zu 20 mmHg und diastolisch bis zu 10 mmHg). Chronische Effekte Regelmäßiges Training senkt sowohl den systolischen als auch den diastolischen Blutdruck signifikant und das gesamte kardiovaskuläre Risikoprofil wird nachhaltig verbessert. Gesamtergebnis antihypertensives Potential von 7-9 mmHg systolisch und 5-7 mmHg diastolisch (vergleichbar mit einer medikamentösen antihypertensiven Monotherapie). Erhebliche individuelle Abweichungen, die von „non-Response" bis hin zu systolisch/diastolischer Blutdrucksenkung von 25/15 mmHg erreicht werden können. Blutdrucksenkung in der Regel umso ausgeprägter, je höher die Blutdruckausgangslage ist. Subjektives Empfinden, dass sich die Lebensqualität erhöht. Günstige Beeinflussung des Belastungsblutdruckes.

5 Literaturverzeichnis

American College of Sports Medicine. (2006). *Guide-lines for exercise testing and prescripiton* (5. Aufl.). Philadelphia: Lippincott Williams & Wilkins.

Eifler, C. (2017). *Studienbrief Medizinische Grundlagen* (Rev. 18.026.000). Saarbrücken: Deutsche Hochschule für Prävention und Gesundheitsmanagement.

Eisenhut, A. & Zintl, F. (2013). *Ausdauertraining: Grundlagen - Methoden - Trainingssteuerung* (8. Aufl.). München: BLV Buchverlag.

Gimbel, B. (Hrsg.). (2014). *Körpermanagement: Handbuch für Trainer und Experten in der betrieblichen Gesundheitsförderung.* Berlin: Springer.

Hauner, D. & Hauner, H. (2006). *Übergewicht - endlich gesund abnehmen.* Stuttgart: TRIAS.

Hoffmann, G. (2001). Hypertonie und Sport. *Deutsche Zeitschrift für Sportmedizin 52* (7-8), 20.

Huonker, M. (2004). Sekundärprävention und Rehabilitation von Herz-Kreislauferkrankungen - Pathophysiologische Aspekte und Belastungssteuerung von körperlichem Training. *Deutsche Zeitschrift für Sportmedizin, 55* (5), 118-123.

Institut für Prävention und Nachsorge. (2004). *IPN-Test® – Ausdauertest für den Fitness- und Gesundheitssport.* Köln: Institut für Prävention und Nachsorge.

Ketelhut, R. G. (2004). Körperliche Aktivität zur Behandlung des arteriellen Hochdrucks. *Deutsches Ärzteblatt, 101* (50), 3426-3432.

Kettenis, L. & Eifler, C. (2017). *Studienbrief Trainingslehre II* (Rev. 18.025.000). Saarbrücken: Deutsche Hochschule für Prävention und Gesundheitsmanagement.

Neumann, G., Pfützner, A. & Berbalk, A. (2011). *Optimiertes Ausdauertraining* (6., überarb. Aufl.). Aachen: Meyer & Meyer.

Predel, H.-G. (2007). Bluthochdruck und Sport. Arterial hypertension and exercise. *Deutsche Zeitschrift für Sportmedizin, 58* (9), 328-333.

Rost, R. (Hrsg.). (2002). *Lehrbuch der Sportmedizin.* Köln: Deutscher Ärzte Verlag.

Schäffler, A., Bollheimer C., Büttner R., Girlich C., Aslanidis C., Dietmaier W. et al. (2018). Fettgewebsdysfunktion: Nichtapparative Abschätzung des Körperfettanteils am Gesamtgewicht. In A. Schäffler (Hrsg.), *Funktionsdiagnostik in Endokrinologie, Diabetologie und Stoffwechsel* (4., vollständig aktualis. u. erw. Aufl., S. 208-209). Berlin: Springer.

Steffny, H., Pramann, U. (2007). *Perfektes Lauftraining* (3. Aufl.). München: Südwest Verlag.

Trunz, E. (2001). *IPN-Test® – Ausdauertest für den Fitness- und Gesundheitssport.* Köln, Institut für Prävention und Nachsorge.

Weineck, J. (2003). *Ausdauertraining. Trainingssteuerung über die Herzfrequenz- und Milchsäurebestimmung (3.,* überarb. u. erw. Aufl.). Balingen: Spitta.

6   Tabellenverzeichnis

6.1   Tabellenverzeichnis